100 RECETTES DE SMOOTHIES DÉTOX

UN LIVRE DE RECETTES DE SMOOTHIES POUR VOUS AIDER À VOUS DÉSINTOXIQUER, À PERDRE DU POIDS, À GAGNER DE L'ÉNERGIE ET À DÉMARRER VOTRE VIE SAINE.

ELVIER MERCIER

Tous les droits sont réservés.

Avertissement

Les informations contenues dans cet eBook sont destinées à servir de collection complète de stratégies sur lesquelles l'auteur de cet eBook a effectué des recherches. Les résumés, stratégies, trucs et astuces ne sont que des recommandations de l'auteur, et la lecture de cet eBook ne garantit pas que ses résultats refléteront exactement les résultats de l'auteur. L'auteur de l'eBook a fait tous les efforts raisonnables pour fournir des informations actuelles et précises aux lecteurs de l'eBook. L'auteur et ses associés ne sauraient être tenus responsables des erreurs ou omissions involontaires qui pourraient être constatées. Le contenu de l'eBook peut inclure des informations provenant de tiers. Les documents de tiers comprennent les opinions exprimées par leurs propriétaires. En tant que tel, l'auteur de l'eBook n'assume aucune responsabilité pour tout matériel ou opinion de tiers.

L'eBook est protégé par copyright © 2022 avec tous droits réservés. Il est illégal de redistribuer, copier ou créer des travaux dérivés à partir de cet eBook en tout ou en partie. Aucune partie de ce rapport ne peut être reproduite ou retransmise sous quelque forme que ce soit sans l'autorisation écrite expresse et signée de l'auteur.

TABLE DES MATIÈRES

TABLE DES MATIÈRES 4
INTRODUCTION 8
Qu'est-ce que la Détox ? 9
Pourquoi désintoxiquer/nettoyer le corps ? 11
Critères pour un bon smoothie détox 12
SMOOTHIES NETTOYANTS DÉBUTANTS 13
1. Vert baie 14
2. Pomme Fraise 17
3. Pomme Baie 20
4. Pêche aux baies 23
5. Épinards aux pêches et aux baies 26
6. Épinards Ananas 28
7. Ananas Baie 31
8. Smoothie aux airelles 34
9. Épinards kale baies 36
10. Pomme Mangue 39
11. Chou frisé à l'ananas 41
12. Détox quotidien au citron vert et à l'aneth 43
13. Rêve de chou frisé aux pêches 45
14. Refroidisseur de pastèque 47
15. Smoothie pomme cannelle 49
16. Smoothie chocolaté au chia 51
17. Smoothie au thé vert et au gingembre 54
18. Greeno Colada 56
19. Smoothie à la menthe et aux pépites de chocolat ... 58
20. Sunny C Delight sans lait frappé 60
21. Fraises et crème 62

22. Shake sans lait au citron vert 64
23. Gingembre et bleuets sauvages 67
24. Cappuccino sans lait frappé 70
25. Shake sans lait à la cerise et à la vanille 72
26. Bol goji et fraise chia 74
27. Smoothie aux fruits et au lait de coco 77
28. Smoothie somnolent 79
29. Smoothie Succès 81
30. Smoothie vert aux figues 83
31. Petit-déjeuner aux kiwis 85
32. Mûres et fenouil 87
33. Bol de courgettes, poires et pommes 89
34. Avocat et baies 91

SMOOTHIES SUPER VERTS 93

35. Centrale verte 94
36. Ventre Sucette 96
37. Booster immunitaire 98
38. Boisson verte ultra fraîche 100
39. Détox Poumons 102
40. Collation piquante l'après-midi 104
41. Épinards à l'ananas 106
42. Booster de métabolisme 108
43. Réveil ultra-vert 110
44. Refroidisseur d'après-midi 112
45. Smoothie stimulant 114
46. Délice aux agrumes 116

SMOOTHIES VERTS RICHE EN PROTÉINES 118

47. Explosion de noix de cajou 119
48. Yaourt à la cannelle 121
49. Cacahuètes à la menthe et au miel 123
50. Kiwi Goyave Explosion 125

- 51. Surprise aux épinards 127
- 52. Litchi aux oeufs et au miel 129
- 53. Amande et Banane 131
- 54. Laitue au yaourt et à l'orange 133
- 55. Explosion de poire et de banane 135
- 56. Smoothie à la spiruline 137
- 57. Smoothie aux figues et aux noix 139
- 58. Smoothie aux pistaches et à la banane 141
- 59. Smoothie au soja 143
- 60. Smoothie aux pois de vache 145

SMOOTHIES DÉTOX POUR LE PETIT DÉJEUNER 147

- 61. Machine de désintoxication verte 148
- 62. Smoothie aux feuilles vertes 150
- 63. Smoothie vert à l'avocat 152
- 64. Smoothie aux carottes 154
- 65. Smoothie au melon vert 156
- 66. Délice de concombre rafraîchissant 158
- 67. Smoothie aux baies vertes 160
- 68. Smoothie à la banane 162
- 69. Smoothie à la pastèque 164
- 70. Smoothie au beurre d'arachide 166
- 71. Smoothie aux fraises et bananes 168
- 72. Rêve d'Amande 170
- 73. Smoothie aux fruits verts et aux noix 172
- 74. Smoothie vert menthe 174

SMOOTHIES DÉTOX POUR LE DÉJEUNER 176

- 75. Smoothie vert au céleri 177
- 76. Smoothie au chou vert 179
- 77. Smoothie vert à la mangue 181
- 78. Smoothie vert délicieux épicé 183

79. Smoothie vert tout usage 185
80. Smoothie au thé vert................................ 187
81. Smoothie Vert Citron Concombre 189
82. Smoothie vert aux noix de cajou............................ 191
83. Smoothie vert orange 193
84. Smoothie aux fruits et vert 195
85. Smoothie vert au gingembre............................. 197
86. Shake Vert Melon 199
87. Smoothie vert au yogourt et aux amandes et à la noix de coco 201
88. Smoothie vert rafraîchissant 203

Smoothies detox pour le dîner............205

89. Smoothie Vert Menthe Framboise 206
90. Smoothie nettoyant aux baies 208
91. Smoothie Torsadé Vert 210
92. Smoothie vert Pina Colada................................. 212
93. Cooler au cresson et aux canneberges 214
94. Smoothie aux raisins et aux baies 216
95. Smoothie vert aux bleuets et au gingembre 218
96. Smoothie Vert Pomme Avocat................................. 220
97. Chia suisse élégant 222
98. Smoothie vert printanier................................. 224
99. Smoothie vert aux baies de coco 226
100. Smoothie aux baies de Goji mélangées................. 228

Conclusion......................................230

INTRODUCTION

Qu'est-ce que la Détox ?
La désintoxication est essentiellement le nettoyage des intestins ainsi que des organes internes par un changement de régime alimentaire.

Notre corps se détoxifie naturellement chaque jour. Le corps a son propre système de nettoyage qui fonctionne en permanence - par l'urine, les matières fécales, la sueur et avec notre respiration, nous nous détoxifions constamment.

Nous absorbons des toxines provenant de la pollution, des produits chimiques et des additifs alimentaires, mais aussi des médicaments et du tabac. Mais la pire pollution est auto-infligée en mangeant de la malbouffe ou des combinaisons d'aliments qui ne sont pas bonnes pour nous. La nourriture reste non digérée dans l'intestin, ce qui la fait se putréfier, permettant aux toxines de se propager dans la circulation sanguine à travers la paroi intestinale. Il encombre les reins et le foie, dont le rôle est de nous détoxifier et de nettoyer ces substances.

Lorsque les intestins et les organes internes deviennent congestionnés, divers déséquilibres se produisent dans le corps et vous pouvez vous sentir épuisé, fatigué, avoir des articulations douloureuses et souffrir d'insomnie. Dans de nombreux cas, les thérapeutes nutritionnels recommandent d'abord de faire une cure de désintoxication avant de déterminer un diagnostic, juste pour mieux voir quel est le véritable problème.

Pourquoi désintoxiquer/nettoyer le corps ?

Lorsque le corps est surchargé de toxines, il transfère l'énergie des calories brûlées pour travailler plus dur pour détoxifier le corps. En d'autres termes, le corps n'a pas l'énergie nécessaire pour brûler des calories.

Cependant, lorsque le corps se débarrasse efficacement des toxines, l'énergie peut être utilisée pour brûler les graisses.

Vous devez d'abord débarrasser votre corps des toxines pour vous assurer que votre corps peut métaboliser au mieux les aliments que vous mangez sans laisser de déchets en excès, ce qui entraîne une prise de poids.

Les smoothies y contribuent grandement !

Critères pour un bon smoothie détox

A. Il doit être magnifique : nous mangeons d'abord avec nos yeux, et personne ne veut boire quoi que ce soit qui ressemble à de l'eau de marais !

B. Ça doit être incroyablement délicieux

C. Il doit être riche en nutriments avec des ingrédients géniaux.

SMOOTHIES NETTOYANTS DÉBUTANTS

1. Vert baie

Ingrédients:

- 3 poignées d'épinards
- 2 tasses d'eau
- 1 pomme, évidée, coupée en quartiers
- 1 tasse de mangue congelée
- 1 tasse de fraises surgelées
- 1 poignée de raisins surgelés ou frais sans pépins
- 1 sachet de stévia (ajouter plus pour sucrer, si nécessaire)
- 2 cuillères à soupe de graines de lin moulues
- FACULTATIF : 1 cuillère de poudre de protéines

Les directions:

a) Placer les légumes-feuilles et l'eau dans le mélangeur et mélanger jusqu'à ce que le mélange ait la consistance d'un jus vert.

b) Arrêtez le mélangeur et ajoutez les ingrédients restants. Mélanger jusqu'à consistance crémeuse.

2. Pomme Fraise

Ingrédients:

- 3 poignées de verdures printanières
- 2 tasses d'eau
- 1 banane, pelée
- 2 pommes, évidées, coupées en quartiers
- 1 ½ tasse de fraises surgelées
- 2 sachets de stévia (ajouter plus pour sucrer, si nécessaire)
- 2 cuillères à soupe de graines de lin moulues
- FACULTATIF : 1 cuillère de poudre de protéines

Les directions:

a) Placer les légumes-feuilles et l'eau dans le mélangeur et mélanger jusqu'à ce que le mélange ait la consistance d'un jus vert.

b) Arrêtez le mélangeur et ajoutez les ingrédients restants. Mélanger jusqu'à consistance crémeuse.

3. Pomme Baie

Ingrédients:

- 1 poignée de légumes verts printaniers
- 2 poignées d'épinards
- 2 tasses d'eau
- 1½ tasse de bleuets surgelés
- 1 banane, pelée
- 1 pomme, évidée et coupée en quartiers
- 1 sachet de stévia
- 2 cuillères à soupe de graines de lin moulues
- FACULTATIF : 1 cuillère de poudre de protéines

Les directions:

a) Placer les légumes-feuilles et l'eau dans le mélangeur et mélanger jusqu'à ce que le mélange ait la consistance d'un jus vert.

b) Arrêtez le mélangeur et ajoutez les ingrédients restants. Mélanger jusqu'à consistance crémeuse.

4. Pêche aux baies

Ingrédients:

- 2 poignées de chou frisé
- 1 poignée d'épinards
- 2 tasses d'eau
- 2 pommes, évidées, coupées en quartiers
- 1½ tasse de pêches surgelées
- 1½ tasse de baies mélangées surgelées
- 2 sachets de stévia
- 2 cuillères à soupe de graines de lin moulues
- 1 cuillère de protéine en poudre

Les directions:

a) Placer les légumes-feuilles et l'eau dans le mélangeur et mélanger jusqu'à ce que le mélange ait la consistance d'un jus vert.

b) Arrêtez le mélangeur et ajoutez les ingrédients restants. Mélanger jusqu'à consistance crémeuse.

5. épinards aux pêches et aux baies

Ingrédients:

- 3 poignées d'épinards
- 2 tasses d'eau
- 1 tasse de pêches surgelées
- 1 poignée de raisins sans pépins frais ou surgelés 1½ tasse de myrtilles
- 3 sachets de stévia pour sucrer
- 2 cuillères à soupe de graines de lin moulues
- FACULTATIF : 1 cuillère de poudre de protéines

Les directions:

a) Placer les épinards et l'eau dans le mélangeur et mélanger jusqu'à ce que le mélange ait la consistance d'un jus vert. Arrêtez le mélangeur et ajoutez les ingrédients restants.

b) Mélanger jusqu'à consistance crémeuse.

6. Épinards Ananas

Ingrédients :

- 2 tasses d'épinards frais, emballés
- 1 tasse de morceaux d'ananas
- 2 tasses de pêches surgelées
- 2 bananes, pelées
- $1\frac{1}{2}$ sachets de stévia
- 2 tasses d'eau
- 2 cuillères à soupe de graines de lin moulues
- FACULTATIF : 1 cuillère de poudre de protéines

Les directions :

a) Placer les épinards et l'eau dans le mélangeur et mélanger jusqu'à ce que le mélange ait la consistance d'un jus vert. Arrêtez le mélangeur et ajoutez les ingrédients restants.

b) Mélanger jusqu'à consistance crémeuse.

7. Ananas Baie

Ingrédients:

- 2 poignées de verdures printanières
- 2 poignées d'épinards
- 1 banane, pelée
- 1 ½ tasse de morceaux d'ananas
- 1½ tasse de morceaux de mangue surgelés
- 1 tasse de baies mélangées surgelées
- 3 sachets de stévia
- 2 tasses d'eau
- 2 cuillères à soupe de graines de lin moulues
- FACULTATIF : 1 cuillère de poudre de protéines

Les directions:

a) Placer les légumes-feuilles et l'eau dans le mélangeur et mélanger jusqu'à ce que le mélange ait la consistance d'un jus vert. Arrêtez le mélangeur et ajoutez les ingrédients restants.

b) Mélanger jusqu'à consistance crémeuse.

8. Smoothie aux airelles

1 portion

Ingrédients:

- 1-1½ tasses (200-300 ml) d'eau
- ½ tasse (100 ml) d'amandes trempées
- 2 abricots trempés
- ¼ tasse (50 ml) d'airelles rouges, congelées ou décongelées

Les directions:

a) Mélanger 1 petite tasse (200 ml) d'eau avec des amandes pour faire un lait. Filtrer à travers un tamis à mailles ou un sac de lait de noix. Versez le lait filtré dans le mixeur. Ajouter les abricots et mixer à nouveau.
b) Incorporer les baies et ajouter plus d'eau jusqu'à la consistance désirée.

9. épinards kale baies

Ingrédients:

- 2 poignées de chou frisé
- 2 poignées d'épinards
- 2 tasses d'eau
- 1 pomme, évidée, coupée en quartiers
- 1 banane, pelée
- $1\frac{1}{2}$ tasse de bleuets surgelés
- 2 sachets de stévia
- 2 cuillères à soupe de graines de lin moulues
- FACULTATIF : 1 cuillère de poudre de protéines

Les directions:

a) Placer les légumes-feuilles et l'eau dans le mélangeur et mélanger jusqu'à ce que le mélange ait la consistance d'un jus vert. Arrêtez le mélangeur et ajoutez les ingrédients restants.

b) Mélanger jusqu'à consistance crémeuse.

10. Pomme Mangue

Ingrédients:

- 3 poignées d'épinards
- 2 tasses d'eau
- 1 pomme, évidée, coupée en quartiers
- 1½ tasse de mangues
- 2 tasses de fraises surgelées
- 1 sachet de stévia
- 2 cuillères à soupe de graines de lin moulues
- FACULTATIF : 1 cuillère de poudre de protéines

Les directions:

a) Placer les épinards et l'eau dans le mélangeur et mélanger jusqu'à ce que le mélange ait la consistance d'un jus vert. Arrêtez le mélangeur et ajoutez les ingrédients restants au mélangeur.

b) Mélanger jusqu'à consistance crémeuse.

11. Chou frisé à l'ananas

Ingrédients:

- 2 poignées de chou frisé
- 1 poignée de légumes verts printaniers
- 2 tasses d'eau
- 1½ tasse de pêches surgelées
- 2 poignées de morceaux d'ananas
- 2 sachets de stévia
- 2 cuillères à soupe de graines de lin moulues
- FACULTATIF : 1 cuillère de poudre de protéines

Les directions:

a) Placer les légumes-feuilles et l'eau dans le mélangeur et mélanger jusqu'à ce que le mélange ait la consistance d'un jus vert. Arrêtez le mélangeur et ajoutez les ingrédients restants.

b) Mélanger jusqu'à consistance crémeuse.

12. Détox quotidien au citron vert et à l'aneth

Pour : 2

Ingrédients:

- 1/2 poire
- 1 tasse de concombre haché et épépiné
- 1/4 tasse d'aneth frais haché
- 1 petit avocat
- 1 tasse de pousses d'épinards
- 2 cuillères à soupe de jus de citron vert
- 1 pouce de gingembre frais, pelé
- 1 tasse d'ananas congelé
- 11/4 tasses d'eau
- 3 à 4 glaçons

Les directions:

a) Placer tous les ingrédients sauf la glace dans un mélangeur et mélanger jusqu'à consistance lisse et crémeuse.

b) Ajouter la glace et recommencer. A boire frais.

13. Rêve de chou frisé aux pêches

Pour : 2

Ingrédients:

- 1/2 avocat
- 1 tasse de pêches surgelées biologiques surgelées
- 1 banane congelée, coupée en morceaux
- 2 cuillères à soupe de jus de citron frais
- 11/4 tasses d'eau
- poignée de chou frisé
- 3 à 4 glaçons
- Facultatif : 2 à 3 dattes dénoyautées

Les directions:

a) Placer tous les ingrédients sauf la glace dans un mélangeur et mélanger jusqu'à consistance lisse et crémeuse.

b) Ajouter la glace et les dattes (le cas échéant) et recommencer. A boire frais.

14. Refroidisseur de pastèque

Pour : 2

Ingrédients:

- 2 tasses de pastèque sans pépins en cubes
- 1 concombre entier, pelé, épépiné et haché grossièrement
- 1 grosse poignée de kale haché
- 3 cuillères à soupe de jus de citron vert frais
- 1/4 tasse de menthe fraîche hachée
- 1/4 tasse de basilic frais haché
- 1 tasse de glaçons

Les directions:

a) Placer la pastèque et le concombre dans un mélangeur et mélanger jusqu'à consistance lisse et crémeuse.

b) Ajouter les ingrédients restants et recommencer. Boire glacé.

15. Smoothie pomme cannelle

Sert : 1

Ingrédients:

- 1 banane congelée, coupée en bouchées
- 1 pomme Granny Smith bio, évidée et hachée (garder la peau)
- 1 cuillère à soupe de jus de citron frais
- 1 grosse poignée de pousses d'épinards
- 1 tasse d'eau froide
- 2 à 3 dattes dénoyautées
- 1/2 cuillère à café de cannelle
- 1/8 cuillère à café de noix de muscade
- 4 à 5 glaçons

Les directions:

a) Placer tous les ingrédients sauf la glace dans un mélangeur et mélanger jusqu'à consistance lisse et crémeuse.

b) Ajouter la glace et recommencer. A boire frais.

16. Smoothie chocolaté au chia

Pour : 2

Ingrédients:

- 1 tasse d'eau
- 11/2 tasses de fraises biologiques surgelées
- 1 cuillère à soupe de graines de chia
- 2 cuillères à soupe d'éclats de cacao cru
- 1 cuillère à soupe de poudre de cacao cru
- 6 noix de macadamia crues
- 3 dattes dénoyautées
- 1 banane congelée, coupée en bouchées
- 1 grosse poignée de kale haché
- 4 à 5 glaçons

Les directions:

a) Mettez l'eau et les fraises dans un mélangeur et mixez jusqu'à consistance lisse et crémeuse.

b) Ajouter les graines de chia, les éclats de cacao, la poudre de cacao et les noix de macadamia; processus pendant 1 minute complète. Ajouter les dattes, la banane congelée et le chou frisé, et mélanger à nouveau jusqu'à ce qu'ils soient bien mélangés. Ajouter la glace et recommencer.

c) Servir glacé.

17. Smoothie au thé vert et au gingembre

Pour : 2

Ingrédients:

- 1 poire d'Anjou, hachée
- 1/4 tasse de raisins secs blancs ou de mûres séchées
- 1 cuillère à café de gingembre fraîchement haché
- 1 grosse poignée de laitue romaine hachée
- 1 cuillère à soupe de graines de chanvre
- 1 tasse de thé vert infusé non sucré, refroidi
- 7 à 9 glaçons

Les directions:

a) Placer tous les ingrédients sauf la glace dans un mélangeur et mélanger jusqu'à consistance lisse et crémeuse.

b) Ajouter la glace et recommencer. A boire frais.

18. Greeno Colada

Sert : 1

Ingrédients:

- 1 tasse d'ananas haché surgelé
- 3 cuillères à soupe de noix de coco crue, non sucrée et râpée
- 1 cuillère à soupe de jus de citron vert frais
- 1 poignée de pousses d'épinards
- 3 dattes dénoyautées
- 1 tasse d'eau
- 4 à 5 glaçons

Les directions:

a) Placer tous les ingrédients sauf la glace dans un mélangeur et mélanger jusqu'à consistance lisse et crémeuse. Ajouter la glace et recommencer.

b) Boire glacé.

19. Smoothie à la menthe et aux pépites de chocolat

Pour : 2

Ingrédients:

- 1 banane congelée, coupée en bouchées
- 1/2 tasse de pêches surgelées
- 1/2 tasse de noix de macadamia crues
- 1/3 tasse de feuilles de menthe fraîche hachées
- 3 cuillères à soupe d'éclats de cacao cru
- 2 à 3 dattes dénoyautées
- 1/2 cuillère à café d'extrait de vanille pur
- 1 1/2 tasses d'eau
- 3 ou 4 glaçons

Les directions:

a) Placer tous les ingrédients sauf la glace dans un mélangeur et mélanger jusqu'à consistance lisse et crémeuse.

b) Ajouter la glace et recommencer. A boire frais.

20. Sunny C Delight sans lait frappé

Sert : 1

Ingrédients:

- 1 orange, pelée et hachée
- 1 kiwi, pelé et haché
- 5 dattes dénoyautées
- 1/2 tasse d'ananas congelé
- 2 cuillères à soupe de graines de chanvre
- 1/2 tasse d'eau
- 3 à 4 glaçons

Les directions:

a) Placer tous les ingrédients sauf la glace dans un mélangeur et mélanger jusqu'à consistance lisse et crémeuse.

b) Ajouter la glace et recommencer. A boire frais.

21. Fraises et crème

Sert : 1

Ingrédients:

- 1/4 tasse d'avoine à l'ancienne
- 3 cuillères à soupe de noix de macadamia crues hachées (de préférence trempées pendant 1 à 2 heures)
- 1 tasse de fraises biologiques surgelées
- 4 dattes dénoyautées
- 1/4 cuillère à café d'extrait de vanille pure
- 1 tasse d'eau glacée
- 3 à 4 glaçons

Les directions:

a) Placer tous les ingrédients sauf la glace dans un mélangeur et mélanger jusqu'à consistance lisse et crémeuse.

b) Ajouter la glace et recommencer. A boire frais.

22. Shake sans lait au citron vert

Pour : 2

Ingrédients:

- 1 banane congelée, coupée en bouchées
- 1/4 tasse d'avocat écrasé
- 2 cuillères à soupe de Nellie and Joe's Famous Key West Lime Juice
- 5 à 6 dattes dénoyautées
- 1/4 tasse de noix de cajou crues
- 1/8 cuillère à café d'extrait de vanille pur
- 1/8 cuillère à café de sel de mer non raffiné
- 1 tasse d'eau
- 8 glaçons

Les directions:

a) Placer tous les ingrédients sauf la glace dans un mélangeur et mélanger jusqu'à consistance lisse et crémeuse.

b) Ajouter la glace et recommencer. A boire frais.

23. Gingembre et bleuets sauvages

Pour : 2

Ingrédients:

- 1 tasse de bleuets sauvages surgelés (ou bleuets cultivés surgelés ordinaires)
- 1/4 tasse de noix de cajou crues
- 1 banane, coupée en bouchées
- 1 cuillère à soupe de jus de citron frais
- 1/2 cuillère à café d'extrait de vanille pur
- 1 cuillère à soupe de gingembre fraîchement râpé
- 5 à 6 dattes dénoyautées
- 1 tasse d'eau froide
- 5 à 6 glaçons

Les directions:

a) Placer tous les ingrédients sauf la glace dans un mélangeur et mélanger jusqu'à consistance lisse et crémeuse.

b) Ajouter la glace et recommencer. A boire frais.

24. Cappuccino sans lait frappé

Sert : 1

Ingrédients:

- 1 banane, coupée en bouchées
- 1/2 tasse d'eau
- 2 cuillères à soupe de graines de chanvre
- 8 amandes
- 1 cuillère à café de poudre d'espresso instantané
- 1/2 cuillère à café de cannelle
- 1 cuillère à café d'extrait de vanille pur
- 4 pruneaux
- 1 1/2 tasses de glace

Les directions:

a) Placer tous les ingrédients sauf la glace dans un mélangeur et mélanger jusqu'à consistance lisse et crémeuse.

b) Ajouter la glace et recommencer. Boire glacé.

25. Shake sans lait à la cerise et à la vanille

Pour : 2

Ingrédients:

- 1 tasse de cerises dénoyautées surgelées
- 1/4 tasse de noix de macadamia crues
- 1/2 banane, coupée en morceaux
- 1/4 tasse de baies de goji séchées (ou de raisins secs blancs)
- 1 cuillère à café d'extrait de vanille pur
- 1 tasse d'eau
- 6 à 8 glaçons

Les directions:

a) Placer tous les ingrédients sauf la glace dans un mélangeur et mélanger jusqu'à consistance lisse et crémeuse.

b) Ajouter la glace et recommencer. Boire glacé.

26. Bol goji et fraise chia

Durée totale : 5 minutes
Rendement : 1

Ingrédients

- 1T baies de goji
- 1T Fraises
- Bâton de cannelle de 1 pouce
- 2-4T graines de chia
- 1 cuillère à soupe d'huile de noix de coco
- 16 onces. l'eau de noix de coco
- Yaourt au lait de cajou 2T
- 1/3 tasse de graines de chanvre
- 2-3 grandes feuilles de chou
- 1c baies surgelées
- ½ banane congelée

les directions

a) Placez les baies de goji, la cannelle et les graines de chia dans votre mixeur et ajoutez suffisamment d'eau de coco pour bien couvrir. Laisser tremper environ 10 minutes.

b) Ajoutez l'eau de coco restante et le reste des ingrédients dans le mélangeur et traitez sur le réglage approprié pour les smoothies, en ajoutant du liquide supplémentaire (eau de coco, eau ou lait de noix) pour la consistance désirée.

27. Smoothie aux fruits et au lait de coco

Donne 4 portions

Ingrédients

- 1 sac de 10 onces de bleuets congelés ou d'autres fruits
- 3 bananes mûres
- 1 tasse de yaourt nature
- 1 tasse de lait de coco non sucré
- 2 cuillères à soupe de miel

Les directions:

a) Dans un mélangeur, réduire en purée les bleuets, les bananes, le yogourt, le lait de coco et le miel.
b) Servir.

28. Smoothie somnolent

Ingrédients:

- 2 tasses de pousses d'épinards
- 1 tasse de lait d'amande
- 1 banane, pelée et tranchée
- 1 cuillère à café de miel

Les directions:

a) Mettre tous les ingrédients dans un mélangeur et réduire en purée.

29. Smoothie Succès

Ingrédients:

- 1 tasse de fraises, tranchées
- 1 tasse de bleuets
- ⅓ banane, tranchée
- 1 cuillère à café de graines de lin moulues
- 1 poignée d'épinards
- 1 cuillère à café de miel

Les directions:

a)   Mélangez le tout et dégustez !

30. Smoothie vert aux figues

1 portion

Ingrédients:

- 2,5 onces (70 g) de bébés épinards
- 1½-2 tasses (300-500 ml) d'eau
- 1 poire
- 2 figues trempées

Les directions:

a) Mélanger les épinards avec 1½ tasse (300 ml) d'eau. Coupez la poire, ajoutez-la avec les figues et mixez à nouveau.
b) Ajoutez plus d'eau si nécessaire pour trouver la bonne consistance pour votre smoothie.

31. Petit-déjeuner aux kiwis

1 portion

Ingrédients:

- 1 poire
- 2 branches de céleri
- kiwis jaunes
- 1 cuillère à soupe d'eau
- ½ cuillère à café de gingembre moulu

Les directions:

a) Couper les poires, le céleri et l'un des kiwis en gros morceaux et mélanger au mélangeur avec 1 cuillère à soupe d'eau jusqu'à l'obtention d'une consistance lisse.

b) Garnir avec l'autre kiwi coupé en morceaux et le gingembre moulu.

32. Mûres et fenouil

Ingrédients:

- 1 pomme
- ½ fenouil
- ¼ tasse (50 ml) d'eau
- ½ tasse (100 ml) de mûres

Les directions:

a) Couper la pomme et le fenouil en morceaux et mélanger avec de l'eau dans un mélangeur.

b) Servir garni de mûres.

33. Bol de courgettes, poires et pommes

1 portion

Ingrédients:

- ½ courgette
- 1 poire
- 1 pomme
- facultatif : cannelle et gingembre moulu

Les directions:

a) Couper les courgettes et les poires en gros morceaux et passer au robot culinaire.

b) Ajouter la pomme, la couper en gros morceaux et continuer à mélanger jusqu'à l'obtention d'une consistance lisse.

c) Servir dans un bol et saupoudrer de cannelle et de gingembre.

34. Avocat et baies

Ingrédients:

- 1 avocat
- 1 poire
- 3½ onces (100 g) de bleuets

Les directions:

a) Couper les avocats et les poires en morceaux.

b) Mélanger dans un bol et garnir de myrtilles.

SMOOTHIES SUPER VERTS

35. Centrale verte

Ingrédients:

- 1 bouquet de chou frisé
- ½ concombre
- 4 branches de céleri
- 1/3 bulbe et tige de fenouil
- 1 pomme verte
- 1 pomme Fuji
- 1 poire
- ½ citron
- 1 pouce de gingembre

Les directions:

a) Mélanger tous les ingrédients pour combiner.
b) Profitez.

36. Ventre Sucette

Ingrédients:

- 1 petite tête de fenouil
- 2 branches de céleri
- 1 poignée de menthe
- 1 bouquet de persil plat
- $\frac{1}{2}$ pomme verte
- 2 petits citrons

Les directions:

a) Mélanger tous les ingrédients pour combiner.

b) Profitez.

37. Booster immunitaire

Ingrédients:

- ½ concombre
- 2 branches de céleri
- Poignée d'épinards
- 1 pomme
- ½ citron
- 1 pouce de gingembre

Les directions:

a) Mélanger tous les ingrédients pour combiner.
b) Profitez.

38. Boisson verte ultra fraîche

Ingrédients:

- 8 kiwis
- 3 pommes vertes
- 1/3 Concombre
- 1 morceau de gingembre frais
- Poignée de menthe fraîche

Les directions:

a) Mélanger tous les ingrédients pour combiner.
b) Profitez.

39. Détox Poumons

Ingrédients:

- 1 Concombre
- 1 tête de laitue romaine
- 1 grosse poignée de persil
- 2 citrons Meyer
- 1 pomme
- 1 pouce de gingembre

Les directions:

a) Mélanger tous les ingrédients pour combiner.

b) Le gingembre fait partie de ces ingrédients séculaires, à la fois savoureux et puissants. C'est un anti-inflammatoire naturel et il a été démontré qu'il a des résultats spectaculaires chez les personnes souffrant d'arthrite. Plus important encore, c'est un puissant stimulant immunitaire.

40. Collation piquante l'après-midi

Ingrédients:

- 3 pommes
- 1 Concombre
- 1 citron
- 5 tiges de chou frisé

Les directions:

a) Mélanger tous les ingrédients pour combiner.

b) Profitez.

41. Épinards à l'ananas

Ingrédients:

- ½ Ananas
- 1 Concombre
- 2 bottes d'épinards

Les directions:

a) Mélanger tous les ingrédients pour combiner.

b) Profitez.

42. Booster de métabolisme

Ingrédients:

- 1 Concombre
- 3 branches de céleri
- Poignée de menthe fraîche
- 2 feuilles de chou frisé
- 1 citron pelé

Les directions:

a) Mélanger tous les ingrédients pour combiner.

b) Profitez.

43. Réveil ultra-vert

Ingrédients:

- 1 poire
- 1 Concombre
- 4 branches de céleri
- 3 brins de menthe
- 4 petites limes

Les directions:

a) Mélanger tous les ingrédients pour combiner.

b) Profitez.

44. Refroidisseur d'après-midi

Ingrédients:

- 1 pomme
- 1 poire
- ½ concombre
- 3 feuilles de chou frisé
- Poignée de menthe fraîche

Les directions:

a) Mélanger tous les ingrédients pour combiner.

b) Profitez.

45. Smoothie stimulant

Ingrédients:

- 1 bouquet de chou frisé
- Grosse poignée de menthe fraîche
- 2 pommes
- 1 citron pelé

Les directions:

a) Mélanger tous les ingrédients pour combiner.

b) Profitez.

46. Délice aux agrumes

Ingrédients:

- 4 tasses d'épinards
- 1 bouquet de chou frisé
- 2 oranges
- 1 Concombre

Les directions:

a) Mélanger tous les ingrédients pour combiner.
b) Profitez.

SMOOTHIES VERTS RICHE EN PROTÉINES

47. Explosion de noix de cajou

Ingrédients:

- 5-7 noyaux de noix de cajou
- Feuilles d'épinards
- Sirop de Citron
- fromage blanc
- Du sucre

les directions

a) Faites bouillir à moitié les feuilles d'épinards et débarrassez-vous de leur attrait brut. Bien mélanger le sirop de citron et le caillé épais dans un bol. Broyez les noix de cajou et le sucre pour obtenir un mélange grossier.

b) Mettez les feuilles à moitié bouillies dans le lait caillé et ajoutez les grosses noix de cajou avec le sucre. Mixez enfin un peu pour donner une texture homogène. Dégustez ce smoothie avec des toasts de pain.

48. Yaourt à la cannelle

Ingrédients:

- 1 concombre mûr
- 1 tasse de lait d'avoine
- Une pincée de Cannelle
- Le sel
- Feuilles de coriandre
- Yogourt probiotique

les directions

a) Couper le concombre en morceaux de taille moyenne et mélanger tous les ingrédients sauf la cannelle dans un moulin. Mettez-le au réfrigérateur pendant un certain temps.

a) Juste avant de servir, ajoutez une pincée de cannelle et décorez de feuilles de coriandre.

49. Cacahuètes à la menthe et au miel

Ingrédients:

- Cacahuètes sans coques
- 1 poignée de Feuilles de Menthe
- Caillé épais
- Mon chéri
- Glaçons

les directions

a) Broyer tous les ingrédients ensemble pour former une pâte épaisse et uniforme.

b) Ajoutez enfin les glaçons et servez frais.

50. Kiwi Goyave Explosion

Ingrédients:

- 1 kiwi
- 1 goyave
- L'eau de noix de coco
- Grains de maïs frais
- Glaçons

les directions

a) Couper le kiwi et la goyave en petits morceaux.

b) Broyez les grains de maïs avec de l'eau de coco et ajoutez-y les morceaux de fruits hachés. Servir avec des glaçons.

51. Surprise aux épinards

Ingrédients:

- tranches de pain
- Feuilles d'épinards
- Yaourt
- Sirop de Citron

les directions

a) Mélanger les feuilles d'épinards dans le yaourt. Ajouter les tranches de pain et mélanger à nouveau pour obtenir une texture épaisse.

b) Ajouter du sirop de citron au goût et servir à température ambiante.

52. Litchi aux oeufs et au miel

Ingrédients:

- Blancs d'oeufs
- Lait
- 7-8 litchis
- 2 concombres
- Mon chéri

les directions

a) Bien mélanger le blanc d'œuf avec le lait et le miel. Pelez et coupez les litchis en petits morceaux et réservez. Mélanger les concombres avec le mélange de lait. Ajouter les morceaux de litchi de manière à ce qu'ils flottent dans le smoothie.

b) Cela donnera une saveur et un goût incomparables.

53. Amande et Banane

Ingrédients:

- 1 banane moyenne
- Morceaux d'ananas en cubes
- Feuilles de menthe fraîche
- Amandes grillées
- Glaçons

les directions

a) Coupez les amandes en petits morceaux et réservez de côté. Mélangez les feuilles de banane, d'ananas et de menthe avec des glaçons pour obtenir un mélange semblable à de la bouillie.

b) Garnir d'amandes effilées juste avant de servir.

54. Laitue au yaourt et à l'orange

Ingrédients:

- Feuilles de laitue bio
- Yaourt épais frais
- Pulpe d'orange
- Glace

les directions

a) Mélanger le yaourt avec la pulpe d'orange pour donner une texture pulpeuse lisse. Faire bouillir à moitié la laitue et ajouter les feuilles hachées dans le mélange de yogourt.

b) Bien mélanger. Enfin, ajoutez de la glace pilée à ce mélange et servez frais.

55. Explosion de poire et de banane

Ingrédients:

- 1 poire bio
- Tiges de coriandre
- Lait
- 1 banane mûre
- Du sucre

les directions

a) Couper la poire en petits morceaux et réserver. Concasser les tiges de coriandre dans le lait. Ajouter la banane mûre au lait et bien mélanger. Ajouter le sucre au goût et ajouter les morceaux de poire hachés au smoothie.

b) En option, vous pouvez ajouter des feuilles de menthe dans le smoothie pour rehausser le goût et la saveur.

56. Smoothie à la spiruline

Ingrédients:

- 1 cuillère à café de spiruline
- 2-3 centimètre de noix de gingembre
- Feuilles d'épinards
- Yaourt aux fruits
- Eau chaude

les directions

a) Mélangez la spiruline avec les feuilles d'épinards pour obtenir une pâte épaisse. Diluer la pâte avec du yaourt aux fruits selon le goût et la texture préférée.

b) Faire bouillir le gingembre dans de l'eau chaude et extraire son arôme. Ajouter l'extrait de gingembre au mélange d'épinards et de spiruline.

c) Faites chauffer le mélange jusqu'à ce qu'il devienne tiède et buvez le smoothie à cette température, de préférence avant les repas.

57. Smoothie aux figues et aux noix

Ingrédients :

- 1-2 figues fraîches
- 3 fraises
- Le sel
- Noix
- Feuilles de coriandre
- Glaçons
- Lait

les directions

a) Ajouter le lait, les fraises, les figues et les feuilles de coriandre au lait et mélanger jusqu'à ce qu'il devienne lisse et uniforme.

b) Cassez les noix en petits morceaux et écrasez-les avec la quantité de sel requise.

c) Ajouter le concassé de noix grossier juste avant de servir. Servir frais.

58. Smoothie aux pistaches et à la banane

Ingrédients:

- Pistaches
- Eau chaude
- 1 pomme
- 1 banane
- 3 concombres

les directions

a) Ajouter les morceaux de pomme hachés dans l'eau tiède et écraser la banane en une pâte. Râpez les concombres et ajoutez-les à la pâte de banane.

b) Bien mélanger la pâte et l'ajouter à l'eau chaude contenant des morceaux de pomme. Ne pas mélanger. Couper les pistaches en deux et les ajouter à la pulpe de pomme. Mélangez maintenant uniquement la pâte de banane et la pulpe de pomme.

c) Utilisez l'eau tiède pour uniformiser la texture. Servir chaud.

59. Smoothie au soja

Ingrédients:

- Blancs d'oeufs
- Lait de soja
- Cottage cheese
- Du sucre
- Le sel

les directions

a) Mélanger les blancs d'œufs, le lait de soja et le fromage cottage pour donner une texture granuleuse au smoothie. Ajouter le sucre et le sel dans une proportion qui donne du goût à la langue.

b) Sur le smoothie, râpez à nouveau du fromage cottage.

60. Smoothie aux pois de vache

Ingrédients:

- Yaourt épais
- Pulpe d'orange
- Pois à vache
- Feuilles de menthe
- Oignons frais
- Source de protéines : blancs d'œufs, lait de soja, fromage cottage.

les directions

a) Hacher finement les oignons et les faire revenir à feu doux. Mettez-les de côté. Faire bouillir à moitié les niébés afin de les rendre spongieux et moelleux.

b) Mélanger le yogourt, la pulpe d'orange et les oignons ensemble pour faire une pâte épaisse. Ajouter les niébés à la fin.

c) Utilisez des feuilles de menthe pour le décorer au moment de servir. Servir frais.

SMOOTHIES DÉTOX POUR LE PETIT DÉJEUNER

61. Machine de désintoxication verte

Ingrédients:

- 1/2 tasse de jus d'orange
- 2 cuillères à café de gingembre
- 2 tasses de chou frisé
- 1/2 tasse de coriandre
- 1 citron vert (enlevez les graines, gardez la peau)
- 1 pomme verte
- 1 banane (congelée, hachée)

Les directions:

a) Mélanger tous les ingrédients pour combiner.

b) Profitez.

62. Smoothie aux feuilles vertes

Ingrédients:

- 1/2 tasse de jus de pomme
- 2 tasses de mesclun
- 1 tasse d'épinards
- 1 Citron (enlevez les pépins, gardez le zeste)
- 1 poire
- 1 banane (congelée, hachée)

Les directions:

a) Mélanger tous les ingrédients pour combiner.

b) Profitez.

63. Smoothie vert à l'avocat

Ingrédients:

- 3/4 tasse d'eau de coco
- 1/2 tasse de chou frisé
- 1/2 tasse d'épinards
- 1/2 tasse d'avocat
- 2 tasses de raisins sans pépins
- 1 poire
- 4 - 5 glaçons

Les directions:

a) Mélanger tous les ingrédients pour combiner.

b) Profitez.

64. Smoothie aux carottes

Ingrédients:

- 1/2 tasse d'eau
- 1/2 tasse de lait écrémé
- 1/2 c. Cannelle
- 1/8 tasse de flocons d'avoine à l'ancienne
- 1/2 tasse d'épinards
- 2 petites carottes ou 1 grosse carotte (avec des tiges vertes)
- 1 banane (congelée, hachée)
- 4 - 5 glaçons

Les directions:

a) Mélanger tous les ingrédients pour combiner.

b) Profitez.

65. Smoothie au melon vert

Ingrédients:

- 1/2 tasse d'eau
- 3 c. Mon chéri
- 1 quartier de citron vert (enlevez les graines, gardez la peau)
- 1 tasse de chou frisé
- 1/2 tasse de cantaloup
- 1/2 tasse de melon miel
- 4 - 5 glaçons

Les directions:

a) Mélanger tous les ingrédients pour combiner.

b) Profitez.

66. Délice de concombre rafraîchissant

Ingrédients:

- 1/2 tasse d'eau
- 4 c. Mon chéri
- 2 tasses de chou frisé
- 1 quartier de citron vert (enlevez les graines, gardez la peau)
- 2 concombres (enlever les graines et peler)
- 4 - 5 glaçons

Les directions:

a) Mélanger tous les ingrédients pour combiner.

b) Profitez.

67. Smoothie aux baies vertes

Ingrédients:

- 1/2 tasse de jus de pomme
- 1 tasse d'épinards
- 2 tasses de baies mélangées
- 1 banane (congelée, hachée)
- 4 - 5 glaçons

Les directions:

a) Mélanger tous les ingrédients pour combiner.
b) Profitez.

68. Smoothie à la banane

Ingrédients:

- 1/2 tasse de lait
- 1/2 tasse de yogourt à la vanille
- 2 c. Mon chéri
- 1/4 c. Cannelle
- 2 bananes
- 1 tasse d'épinards
- 4 - 5 glaçons

Les directions:

a) Mélanger tous les ingrédients pour combiner.

b) Profitez.

69. Smoothie à la pastèque

Ingrédients:

- 2 tasses de pastèque
- 1 tasse d'épinards
- 1/2 tasse de fraises
- 1/2 tasse de pêches surgelées
- 4 - 5 glaçons

Les directions:

a) Mélanger tous les ingrédients pour combiner.

b) Profitez.

70. Smoothie au beurre d'arachide

Ingrédients:

- 1 tasse de lait écrémé
- 3 c. Beurre d'arachide
- 2 tasses d'épinards
- 1 banane (congelée, hachée)

Les directions:

a) Mélanger tous les ingrédients pour combiner.

b) Profitez.

71. Smoothie aux fraises et bananes

Ingrédients:

- 1/2 tasse d'eau
- 1/2 tasse de lait écrémé
- 1/2 tasse de yogourt à la vanille
- 2 c. Mon chéri
- 1 tasse de mesclun
- 1/2 tasse de fraises
- 1 banane (congelée, hachée)
- 4 - 5 glaçons

Les directions:

a) Mélanger tous les ingrédients pour combiner.

b) Profitez.

72. Rêve d'Amande

Ingrédients:

- 1 tasse de lait d'amande
- 3 cuillères à soupe. Beurre d'amande
- 1 tasse de chou frisé
- 1 tasse d'épinards
- 1/4 tasse de bleuets
- 1/4 tasse de mûres
- 4 -5 glaçons

Les directions:

a) Mélanger tous les ingrédients pour combiner.

b) Profitez.

73. Smoothie aux fruits verts et aux noix

Ingrédients:

- 1 tasse de lait d'amande
- 1/4 tasse de graines de tournesol
- 1/4 tasse de noix de cajou
- 3 tasses d'épinards
- 2 rendez-vous
- 1/2 tasse de bleuets
- 1 banane
- 4 - 5 glaçons

Les directions:

a) Mélanger tous les ingrédients pour combiner.

b) Profitez.

74. Smoothie vert menthe

Ingrédients:

- 1/2 tasse de jus de pomme
- 1 cuillère à soupe. Gingembre moulu
- 1/4 tasse de feuilles de menthe
- 1 tasse d'épinards
- 1 tasse de chou frisé
- 1 poire
- 4 - 5 glaçons

Les directions:

a) Mélanger tous les ingrédients pour combiner.
b) Profitez.

SMOOTHIES DÉTOX POUR LE DÉJEUNER

75. Smoothie vert au céleri

Ingrédients:

- 1 branche de céleri, tranchée finement
- 4 vraies bananes mûres
- Une poignée de bébés épinards
- 1 tasse d'eau glacée ou de glaçons

Les directions:

a) Ajouter tous ces ingrédients au mélangeur et réduire en purée jusqu'à consistance lisse.

76. Smoothie au chou vert

Ingrédients:

- 125 grammes. L'eau de noix de coco
- 1 banane congelée
- 1 tasse de bleuets
- 1 tasse de raisins sans pépins
- Une poignée de chou vert, sans les tiges et la tige.
- ½ tasse d'eau glacée ou de glaçons

Les directions:

a) Ajouter tous ces ingrédients au mélangeur et réduire en purée jusqu'à ce que ce soit un smoothie. Celui-ci est vraiment bon.

b) Tout ce mélange de saveurs ferait un déjeuner savoureux.

77. Smoothie vert à la mangue

Ingrédients:

- 1 banane congelée
- 1 mangue, tranchée
- 2 bonnes poignées de Baby Epinards
- 1 tasse d'eau glacée

Les directions:

a) Ajouter tous ces ingrédients au mélangeur et réduire en purée jusqu'à consistance lisse

78. Smoothie vert délicieux épicé

Ingrédients:

- ½ tasse de lait d'amande pure à la vanille
- 1 banane
- Pincée de cannelle
- 1 poignée d'épinards
- 1 cuillère à soupe de poudre de lactosérum
- 1 tasse de glace

Les directions:

a) Ajouter tous ces ingrédients au mélangeur et réduire en purée jusqu'à consistance lisse.

79. Smoothie vert tout usage

Ingrédients:

- 1 banane
- 1 pomme tranchée
- 1 poire tranchée
- 1 branche de céleri, coupée
- $\frac{1}{2}$ citron
- 2 poignées d'épinards
- 1 poignée de laitue romaine
- Un peu de persil
- Un peu de coriandre
- 1 tasse de glace

Les directions:

a) Mettre tous les ingrédients dans le blender puis presser le citron dessus. Réduire en purée jusqu'à ce qu'il soit lisse.

80. Smoothie au thé vert

Ingrédients:

- 1 tasse de thé vert
- 1 Carotte
- 1 banane
- 2 poignées de chou frisé (sans tige ni tige)
- Quelques glaçons

Les directions:

a) Ajouter tous les ingrédients au mélangeur et réduire en purée jusqu'à consistance lisse. Celui-ci est un excellent choix pour le déjeuner.

81. Smoothie Vert Citron Concombre

Ingrédients:

- 1 Concombre
- 1 poire, tranchée
- 4 branches de céleri
- 1 citron pelé
- ½ tasse d'eau glacée

Les directions:

a) Ajouter tous ces ingrédients au mélangeur et réduire en purée jusqu'à ce qu'ils soient lisses.

b) Sélection parfaite pour le déjeuner; celui-ci vous donnera l'énergie dont vous avez besoin pour le reste de l'après-midi.

82. Smoothie vert aux noix de cajou

Ingrédients:

- 1 tasse d'eau de coco
- ½ tasse de noix de cajou
- 1 banane
- 2 rendez-vous
- 1 cuillères à soupe de graines de lin
- Une poignée d'épinards

Les directions:

a) Ajouter tous les ingrédients au mélangeur et réduire en purée jusqu'à ce qu'il soit lisse.

b) Celui-ci est délicieux et les noix de cajou lui donnent quelque chose de spécial. Excellent choix pour le déjeuner

83. Smoothie vert orange

Ingrédients:

- 1 banane
- 5 grosses fraises
- ½ tasse d'orange pelée
- ½ tasse de pomme tranchée
- Un peu de graines de lin
- 2 poignées d'épinards
- 1 tasse d'eau glacée

Les directions:

a) Mélanger tous les ingrédients dans le mélangeur et réduire en purée jusqu'à consistance lisse.

b) Celui-ci est merveilleux et parfait pour le déjeuner.

84. Smoothie aux fruits et vert

Ingrédients:

- 1 petit contenant de yogourt grec nature
- 1/2 tasse de poudre de protéines naturelles
- ½ tasse de bleuets
- ½ tasse de pêches, tranchées
- ½ tasse d'ananas, tranché
- ½ tasse de fraises
- ½ tasse de mangue, tranchée
- 1 poignée de chou frisé (enlevez la tige et les tiges)
- ½ tasse d'eau glacée

Les directions:

a) Ajouter tous ces ingrédients au mélangeur et réduire en purée jusqu'à consistance lisse.

b) Celui-ci est hors de ce monde.

85. Smoothie vert au gingembre

Ingrédients:

- Petite poignée de persil
- 1 concombre, tranché
- 1 citron pelé
- 1 pouce de racine de gingembre
- 1 tasse de pommes surgelées
- 1 poignée de chou frisé (sans les tiges et les tiges)
- $\frac{1}{2}$ tasse d'eau glacée

Les directions:

a) Mélanger tous ces ingrédients dans le mélangeur et réduire en purée jusqu'à consistance lisse. Celui-ci est très bon.

b) Tous ces ingrédients sont merveilleux ensemble. Bon choix pour le déjeuner

86. Shake Vert Melon

Ingrédients:

- $\frac{1}{2}$ tasse de cerises noires, dénoyautées
- 1 banane
- Petite poignée de chou frisé, coupé
- $\frac{1}{2}$ tasse de bleuets
- $\frac{1}{2}$ tasse de melon vert
- $\frac{1}{2}$ tasse d'eau de coco
- $\frac{1}{2}$ tasse de glaçons

Les directions:

a) Ajouter tous ces ingrédients au mélangeur et réduire en purée jusqu'à ce qu'il soit lisse. Celui-ci est très bon.

b) Toutes les saveurs sont merveilleuses ensemble.

87. Smoothie vert au yogourt et aux amandes et à la noix de coco

Ingrédients:

- 1 tasse de yogourt aux amandes et à la noix de coco
- bouquet de coriandre
- Poignée d'épinards
- Avocat, tranché
- 1 tasse de bleuets, fraises ou framboises
- 1 mangue, tranchée
- ½ tasse d'eau de coco
- Pincée de sel de mer
- L'eau glacée

Les directions:

a) Ajouter tous les ingrédients au mélangeur et réduire en purée jusqu'à consistance lisse. Ajouter l'eau au besoin. C'est un délicieux smoothie vert avec un bon goût.

b) Tout ce mélange de saveurs est un régal à boire.

88. Smoothie vert rafraîchissant

Ingrédients:

- 1 tasse d'ananas, coupé
- 1 banane congelée, coupée en morceaux
- 1 mangue, tranchée
- ½ tasse d'eau glacée
- Une poignée d'épinards

Les directions:

a) Ajouter tous les ingrédients au mélangeur et réduire en purée jusqu'à consistance lisse. Celui-ci est vraiment délicieux et rafraîchissant.

b) C'est un excellent choix pour le déjeuner.

SMOOTHIES DETOX POUR LE DÎNER

89. Smoothie Vert Menthe Framboise

FAIT DU : 2 portions

Ingrédients :

- 1½ tasses (78g) de feuilles de pissenlit
- ¼ tasse (23 g) de menthe hachée
- 2 ½ tasses (308 g) de framboises surgelées
- 1 datte Medjool dénoyautée
- 2 cuillères à soupe de graines de lin moulues
- Eau purifiée

Les directions :

a) Ajouter tous les ingrédients sauf l'eau purifiée autasse haute. Ajouter de l'eau à volonté en s'assurant qu'elle ne passe pasLigne maximale.

b) Traiter jusqu'à consistance lisse.

90. Smoothie nettoyant aux baies

FAIT DU : 2 portions

Ingrédients :

- 3 feuilles de bette à carde, tiges retirées
- ¼ tasse (28 g) de canneberges mûres
- 2 tasses (288g) Bleuets
- 1 datte Medjool dénoyautée
- 2 cuillères à soupe de graines de lin moulues
- Eau purifiée

Les directions :

a) Ajouter tous les ingrédients sauf l'eau purifiée autasse haute. Ajouter de l'eau à volonté en s'assurant qu'elle ne passe pasLigne maximale.

b) Traiter jusqu'à consistance lisse.

91. Smoothie Torsadé Vert

FAIT DU : 2 portions

Ingrédients :

- 1 tasse (67 g) de chou frisé, tiges retirées, côtes retirées et hachées
- 1 tasse (55 g) de feuilles de pissenlit
- 1 orange, pelée, épépinée et hachée
- 2 tasses (288g) Fraises
- 2 kiwis, pelés et hachés
- ½ cuillère à soupe de jus de citron
- Eau purifiée

Les directions :

a) Ajouter tous les ingrédients sauf l'eau purifiée autasse haute. Ajouter de l'eau à volonté en s'assurant qu'elle ne passe pasLigne maximale.

b) Traiter jusqu'à consistance lisse.

92. Smoothie vert Pina Colada

FAIT DU : 2 portions

Ingrédients :

- 2 tasses (76 g) de feuilles de betterave
- 1 tasse (166 g) d'ananas frais, haché
- 1 tasse (144g) Bleuets
- 1 cuillère à soupe de graines de lin moulues
- 1 cuillère à soupe d'huile de noix de coco bio
- 1 tasse (240 ml) d'eau de coco
- Eau purifiée

Les directions :

a) Ajouter tous les ingrédients sauf l'eau purifiée autasse haute. Ajouter de l'eau à volonté en s'assurant qu'elle ne passe pasLigne maximale.

b) Traiter jusqu'à consistance lisse.

93. Cooler au cresson et aux canneberges

FAIT DU : 2 portions

Ingrédients :

- 2 tasses (70g) de cresson
- ¼ tasse (28 g) de canneberges mûres fraîches
- 1 banane mûre, tranchée
- 1 orange, pelée et hachée
- 1 datte Medjool dénoyautée (facultatif)
- 1 cuillère à soupe d'herbe de blé en poudre
- Eau purifiée

Les directions :

a) Ajouter tous les ingrédients sauf l'eau purifiée autasse haute. Ajouter de l'eau à volonté en s'assurant qu'elle ne passe pasLigne maximale.

b) Traiter jusqu'à consistance lisse.

94. Smoothie aux raisins et aux baies

FAIT DU : 2 portions

Ingrédients :

- 2 tasses (60 g) de bébés épinards frais, tiges enlevées et hachées
- ½ tasse (46 g) de raisins verts sans pépins
- 1 tasse (124g) Framboises
- 1 datte Medjool (facultatif)
- 2 cuillères à soupe de graines de Chia
- 1 cuillère à café de cannelle en poudre bio
- Eau purifiée

Les directions :

a) Ajouter tous les ingrédients sauf l'eau purifiée autasse haute. Ajouter de l'eau à volonté en s'assurant qu'elle ne passe pasLigne maximale.

b) Traiter jusqu'à consistance lisse.

95. Smoothie vert aux bleuets et au gingembre

FAIT DU : 2 portions

Ingrédients :

- 2 tasses (60g) bébés épinards
- 2 tasses (288g) Bleuets
- 1 banane mûre, tranchée
- 1 pouce (2 cm) de racine de gingembre, lavée et hachée
- 2 tasses (480 ml) d'eau de coco biologique
- Eau purifiée (facultatif)

Les directions :

a) Ajouter tous les ingrédients sauf l'eau purifiée autasse haute. Ajouter de l'eau à volonté en s'assurant qu'elle ne passe pasLigne maximale.

b) Traiter jusqu'à consistance lisse.

96. Smoothie Vert Pomme Avocat

FAIT DU: 2 portions

Ingrédients:

- 2 tasses (76 g) de verdures printanières
- 1 pomme verte, évidée et hachée
- 1 tranche (100g) d'avocat
- ½ tasse (46 g) de raisins rouges
- ½ tasse (77 g) de myrtilles
- ½ cuillère à café de jus de citron
- Eau purifiée

Les directions:

a) Ajouter tous les ingrédients sauf l'eau purifiée autasse haute. Ajouter de l'eau à volonté en s'assurant qu'elle ne passe pasLigne maximale.

b) Traiter jusqu'à consistance lisse.

97. Chia suisse élégant

FAIT DU : 2 portions

Ingrédients :

- ½ tasse (30 g) de persil frais
- 1 ½ tasse (54 g) de bettes à carde, hachées
- 2 pêches mûres, dénoyautées et hachées
- 1 datte Medjool
- 1 tasse (144 g) de fraises
- 2 cuillères à soupe de graines de Chia
- Eau purifiée

Les directions :

a) Ajouter tous les ingrédients sauf l'eau purifiée autasse haute. Ajouter de l'eau à volonté en s'assurant qu'elle ne passe pasLigne maximale.

b) Traiter jusqu'à consistance lisse.

98. Smoothie vert printanier

FAIT DU: 2 portions

Ingrédients:

- 2 tasses (76 g) de verdures printanières
- 1 mangue mûre, coupée en cubes
- 1 orange, pelée, épépinée et hachée
- 1 tasse (124g) Framboises
- 2 cuillères à soupe de graines de Chia
- 1 cuillère à soupe de graines de lin moulues
- Eau purifiée

Les directions:

a) Ajouter tous les ingrédients sauf l'eau purifiée autasse haute. Ajouter de l'eau à volonté en s'assurant qu'elle ne passe pasLigne maximale.

b) Traiter jusqu'à consistance lisse.

99. Smoothie vert aux baies de coco

FAIT DU: 2 portions

Ingrédients:

- 2 tasses (72 g) de bettes à carde, déchirées
- ½ tasse (83 g) de morceaux d'ananas, tranchés
- 1 tasse (144g) Bleuets
- 1 tasse (152 g) de melon miel, haché
- 1 cuillère à soupe d'huile de noix de coco extra vierge
- Eau purifiée

Les directions:

a) Ajouter tous les ingrédients sauf l'eau purifiée autasse haute.Ajouter de l'eau à volonté en s'assurant qu'elle ne passe pasLigne maximale.

b) Traiter jusqu'à consistance lisse.

100. Smoothie aux baies de Goji mélangées

FAIT DU: 2 portions

Ingrédients:

- 2 tasses (110 g) de laitue romaine, hachée
- 1 banane mûre, tranchée
- $\frac{1}{4}$ tasse (30 g) de baies de Goji
- 1 tasse (144 g) de baies mélangées
- 1 pouce (2,5 cm) de racine de gingembre
- Eau purifiée

Les directions:

a) Ajouter tous les ingrédients sauf l'eau purifiée autasse haute.Ajouter de l'eau à volonté en s'assurant qu'elle ne passe pasLigne maximale.

b) Traiter jusqu'à consistance lisse.

CONCLUSION

Commencer votre matinée avec un smoothie vert peut vous aider à donner le ton pour toute la journée. La plupart de ces smoothies détox ne contiennent que 100 calories par portion, vous voudrez donc les associer à autre chose, comme un œuf ou du beurre de cacahuète sur du pain grillé au blé entier, si cela doit être un repas. Vous pouvez aussi le déguster en collation. Les smoothies sont chargés de superaliments riches en antioxydants, et ils sont naturellement sucrés pour écraser vos envies de sucre sans sucre ajouté.

www.ingramcontent.com/pod-product-compliance
Lightning Source LLC
Chambersburg PA
CBHW050020130526
44590CB00042B/1099